AF226824

L 27 n
23995

ÉLOGE FUNÈBRE

DE L'ABBÉ

Ariste DUPOUY

CURÉ DE BAURECH

PRONONCÉ DANS L'ÉGLISE DE BAURECH LE 27 JANVIER 1868

PAR

M. L'abbé LAPRIE

Chanoine honoraire, Professeur à la Faculté de Théologie de Bordeaux.

BORDEAUX

TYPOGRAPHIE Vᵉ JUSTIN DUPUY ET COMP.

RUE GOUVION, 20.

1868

ÉLOGE FUNÈBRE

de l'Abbé Ariste DUPOUY

CURÉ DE BAURECH

ÉLOGE FUNÈBRE

DE L'ABBÉ

Ariste DUPOUY

CURÉ DE BAURECH

PRONONCÉ DANS L'ÉGLISE DE BAURECH LE 27 JANVIER 1868

PAR

M. L'ABBÉ LAPRIE

Chanoine honoraire, Professeur à la Faculté de Théologie de Bordeaux.

BORDEAUX

TYPOGRAPHIE Vᵉ JUSTIN DUPUY ET COMP.

RUE GOUVION, 20.

1868

(Extrait de *La Guienne* du 29 janvier 1868.)

. . . .

Hier 27 janvier, à onze heures du matin, a eu lieu dans l'église de Baurech le service solennel pour le repos de l'âme de M. l'abbé Dupouy.

Une foule immense, accourue de tous les points de la contrée, envahissait l'église. Tous les travaux avaient été suspendus ; c'était un véritable deuil public.

Un clergé très nombreux, composé de prêtres des environs et de Bordeaux, occupait le chœur richement décoré de tentures et inondé de lumières — l'église, du reste, était entièrement tendue de noir. — Au milieu s'élevait un catafalque où l'on avait déposé, selon l'usage, les insignes de la dignité sacerdotale.

M. l'abbé Desfossés, le nouveau curé de Baurech, ami du défunt, n'avait rien négligé pour donner à cette cérémonie funèbre la plus grande solennité.

La messe a été célébrée par le R. P. Etignard, de la Magdeleine, et l'absoute faite par M. l'abbé Coiffard, curé de Sainte-Croix de Bordeaux.

Après l'Evangile, M. l'abbé Laprie, chanoine et professeur à la Faculté de Théologie, est monté en chaire pour prononcer l'oraison funèbre du défunt.

Pendant plus d'une heure un quart, l'éloquent orateur a parlé au milieu des larmes et des sanglots de ce vaste auditoire suspendu à sa parole, en proie lui-même à une émotion qu'il pouvait à peine maîtriser ; son cœur débordait de ses lèvres en racontant cette belle vie si remplie de bonnes œuvres et de vertus !

Christi bonus odor.
La bonne odeur de J.-C.
(II. Cor. 2-15).

Messieurs,

Je ne suis qu'un étranger parmi vous, et, en
présence de tous ces prêtres vénérés, si j'ai quelque droit de monter dans cette chaire, c'est seulement mon amitié en deuil qui me le donne. Ce
cher abbé Dupouy! il est donc vrai que nous ne
verrons plus son bien-aimé visage, que nous n'en-
tendrons plus sa voix, que son sourire si bon s'est
éteint pour jamais. Voilà quinze jours que sa tombe
est fermée, et je m'aperçois que ces quinze jours
n'ont point tari vos larmes. Un nuage de douleur
me semble planer sur cette paroisse, et moi-même,
partageant l'émotion commune, j'ai besoin de re-
tenir mes sanglots pour qu'ils n'empêchent pas la
parole d'arriver jusqu'à mes lèvres. Ah! c'est que
nous avons fait, les uns et les autres, une perte à
jamais regrettable!! Le clergé a perdu un de ses
modèles ; vous, fidèles de Baurech, vous avez perdu
un pasteur, un père, le plus dévoué des pasteurs,

le plus tendre des pères; moi, enfin, j'ai perdu l'une des meilleures affections de ma vie. O Dieu, qui nous voyez pleurer, pardonnez-nous nos larmes. Nous pleurons de regret sans doute, mais nous pleurons aussi d'attendrissement et d'admiration. Et qui donc pourrait ne pas s'attendrir, ne pas admirer, au souvenir d'une vertu tout à la fois si héroïque et si aimable? Nous prononcerions même, sans hésitation, au lieu de vertu, le mot de sainteté, si l'Église ne s'en réservait le droit. Il nous est au moins permis de croire que ce mot interdit au prédicateur, il a été déjà prononcé dans le ciel en l'honneur de l'humble prêtre, dont le nom ne fut guère connu ici-bas, mais dont le trépas a commencé la gloire, en suscitant autour de son cercueil un concert de louanges, comme il n'est donné d'en entendre qu'autour de la dépouille d'un saint.

Pour consoler notre douleur, autant que pour satisfaire notre admiration, permettez-moi d'entreprendre l'éloge funèbre de notre très doux et très pieux ami Jean-Ariste Dupouy, ancien curé de Baurech.

Il y a dans les épîtres de saint Paul, une parole qui s'offre à moi d'elle-même pour peindre d'un seul trait toute l'existence de l'abbé Dupouy. Oui, cette existence, elle fut du berceau à la tombe, la bonne odeur de J.-C., — *Christi bonus odor* (*).

La bonne odeur de J.-C.! Toute âme en état

(*) II ad Cor. II-15.

de grâce porte J.-C. en elle. C'est l'enseigne-
ment formel de la sainte Ecriture. *Annon cognos-
citis vosmetipsos quod Christus in vobis est, nisi
fortè reprobi estis* (*). O chrétiens! s'écrie le grand
apôtre, ne savez-vous pas votre fortune ? Ne savez-
vous pas que J.-C. est au dedans de vous, à moins
que vous n'ayiez perdu le trésor de la grâce? Mais
si toute âme en état de grâce possède J.-C., dans
ces solitudes intimes, dans ces jardins intérieurs,
où Dieu nous visite et nous parle ; chez les âmes
plus parfaites parmi les parfaites, cette présence
de J.-C. se trahit', au dehors, par un doux et céleste parfum qui lui est propre, et que les temps
anciens n'ont point connu. *Mysterium abscondi-
tum.... sœculis* (**). Or, vous verrez dans ce discours, que tel fut le privilége de votre ancien curé,
privilége qui l'accompagna partout, mais dont il ne
se douta jamais.

Jean-Ariste Dupouy naquit en 1819 à Bordeaux,
dans la paroisse Saint-Louis, d'une famille qui avait
occupé un rang considérable dans une de nos co-
lonies. Sa mère, excellente chrétienne, l'éleva dans
la crainte de Dieu. Un frère aîné, aujourd'hui seul
débris survivant de cette honorable famille, avait
précédé Ariste dans la vie. La Providence ne tarda
pas de lui en donner un autre, son cher Marius,
dont si souvent nous l'avons entendu parler. Ariste
et Marius grandirent*ensemble, semblables de visa-

(*) II ad Cor. XIII-5.
(**) ad Cor. I-26.

ge, et frères par l'âme autant que par le sang. Vers l'âge de onze ans, ils durent l'un et l'autre, quitter le doux nid maternel, et s'envoler au collége de Bazas. Après tant d'années et après tant de succès, dont il peut justement se glorifier, Bazas n'a pas oublié les deux frères Dupouy, et leur nom suffit pour y réveiller de sympathiques échos. « Marius, » nous disait naguère un des anciens et vénérables » maîtres de Bazas, Marius remportait à la fin de » l'année plus de couronnes que son frère, lequel » cependant n'en était pas dépourvu. Mais Ariste » était le *saint de la maison,* c'est ainsi que le dé- » signait la voix de tous ses camarades. »

Entendez-vous, Messieurs, cette canonisation de votre futur curé, naïvement décrétée par des collégiens, si habiles par état à découvrir les défauts de leur prochain, et si prompts à les frapper de leur impitoyable censure ? Mais la bonne odeur de J.-C. qui s'échappait de l'âme d'Ariste, avait désarmé leur critique, et conquis à son profit l'affection générale. Jamais, dit-on, l'on ne vit un élève plus respecté et plus aimé de tous ses condisciples.

De son côté, il aimait bien tout le monde ; mais, pour son frère, il avait une tendresse peu ordinaire, une sorte d'angélique passion, la seule que l'œil de ses maîtres ait pu découvrir en lui pendant les jours du collége. Cette tendresse, hélas ! allait être condamnée à un sacrifice aussi cruel qu'elle était profonde. Une séparation, qui divisa le cours de leurs destinées jusqu'alors unies, en fut le douloureux prélude. Les deux frères avaient terminé leurs études, il fallait faire choix d'une carrière. Marius fut envoyé à Paris dans une école préparatoire à l'Ecole polytechnique ; Ariste, qui se sentait attiré de Dieu vers le sanctuaire, demeura dans sa famille pour éprouver sa vocation au contact du monde. Oh ! comme il embrassa son Marius au moment du départ ! comme il le serra sur son cœur !

Quelques mois s'écoulèrent ; et voici qu'un jour, révolté des impiétés et des infâmies dont il était, malgré lui, le témoin, Marius écrit à ses parents : « Je n'y tiens plus, je ne puis rester plus longtemps » dans cette école, où vous m'avez placé, je pré- » fère mourir ! » *Potius mori quam fœdari ! !* Et il revient à Bordeaux, et il reparaît devant sa mère, comme un vaillant soldat après la bataille, pâle, défait, portant sur son front de dix-huit ans les traces de la lutte ; mais le cœur toujours pur, la conscience toujours libre, de cette liberté qui s'appelle aussi l'innocence. Sans qu'on le soupçonnât, la mort, que sa vertu avait appelée, planait déjà sur sa jeune tête. Il est saisi d'une fièvre cérébrale, et, après quelques jours de maladie, ce noble enfant rendait le dernier soupir entre les bras de sa mère. — Ariste vit ainsi mourir le frère qu'il avait tant aimé, son Marius qui était plus que la moitié de lui-même. Coup terrible dont il devait pleurer longtemps, et se souvenir toujours.

Si le monde n'était pas digne de Marius, il était encore moins digne d'Ariste. Le premier, lui avait échappé par la mort ; le second, lui échappa par le sacerdoce. Toutes les pensées de celui-ci étaient déjà tournées de ce côté, mais à la vue d'une di-

gnité qui serait formidable aux anges mêmes, il
tremblait.

Or, un homme de Dieu, l'abbé Gabriel, qui devint plus tard curé de Saint-Merry, à Paris, se
trouvait alors à Bordeaux, prêchant une station de
carême. Il avait connu Ariste à Bazas, où, après
une retraite, il lui remit une image, qui a été con-
servée, avec ces mots au bas : *Cher enfant, sur la
mer du monde, que la volonté de Dieu soit toujours votre étoile.* Il l'avait connu, et il l'aimait.
Comment ne pas l'aimer? Il était si simplement
bon, si poli, si distigué! Sa belle âme paraissait si
bien sur son visage, et Dieu reluisait si bien dans
son âme! L'abbé Gabriel devint le consolateur, le
confident, le guide spirituel d'Ariste, et c'est de lui
que Dieu se servit pour dire au futur prêtre ce
noli timere (*), ce *n'aie pas peur,* dont la foi et la
fragilité d'un jeune homme ont un égal besoin
pour se décider à marcher vers les périlleuses
obligations du ministère sacerdotal.

L'abbé Gabriel conduisit lui-même au séminaire
son bien-aimé pénitent, encore vêtu de l'habit laï-
que. Mais le jeune fugitif du siècle ne tarda pas
d'en dépouiller la livrée, pour en revêtir une autre,
qu'il ne devait plus quitter. « Je me souviens de ce
« jour là, nous disait récemment, un de ses con-
» temporains ; il fit bénir sa soutane par un prê-
» tre de la dernière ordination, et quand elle eût
» été bénite, il se mit à la baiser en versant des
» larmes de joie. »

(*) Matt. I-20·

Pénétré de respect pour la règle du séminaire, il en portait le joug avec allégresse, se préparant de tout son cœur à devenir un bon ouvrier de Dieu. Il voulait devenir un saint, c'était son idée fixe, son rêve de tous les jours, et quoiqu'il se gardât bien de rêver tout haut, la communauté entière savait à quoi s'en tenir. Il suffisait de l'approcher pour sentir qu'il y avait là, dans ce cœur de lévite, un brasier ardent, dont la flamme, si elle n'avait été comprimée, aurait éclaté en jets continuels. On sentait, suivant l'expression de saint Grégoire de Nazianze, parlant de saint Basile, qu'il était prêtre par l'âme avant de l'être par le sacrement. *Sacerdos ante initum sacerdotium* (*). C'est pourquoi le titre inventé à Bazas en son honneur, lui fut une seconde fois appliqué au séminaire.

La bonne odeur de J.-C. s'exhala autour de l'abbé Dupouy plus suave, plus pénétrante que jamais, lorsque devenu prêtre il eut le bonheur d'offrir au Père Céleste le calice de ce sang adorable — « qui inspire à ceux qui le boivent l'amour qui la fait répandre » (**). Cet amour, c'est l'amour des âmes. Or, après son ordination, l'abbé Dupouy se précipita à corps perdu dans le service des âmes, mais à sa manière, c'est-à-dire un peu à la dérobée, et comme en se cachant. Il célébra sa première messe dans l'église Saint-Louis, où il avait reçu le baptême. Il fut ensuite envoyé comme vicaire à Sainte-Croix, de Bordeaux, paroisse de faubourg, très populeuse

(*) S. Grég. Naz. Eloge de S. Bazile, p. 780.
(**) Bossuet.

et presqu'exclusivement composée de pauvres. Sous
ce dernier rapport, c'était bien son affaire, et c'est-
là le poste où il passera les douze premières années de son ministère, douze ans de labeurs sans
relâche, de dévouement absolu, de constant hé-
roïsme. Ah ! qui nous dira l'histoire de ces douze
ans ? Qui nous la dira ? C'est ici que je sens bien
l'inanité de la parole humaine. Quand il s'agit de
louer, non l'homme qui fait du bruit, mais l'homme qui fait du bien, non celui qui fait du bien
par intervalles et comme par accident, mais celui
qui fait du bien tous les jours, depuis le matin jusqu'au soir, tellement, que ce bien c'est sa vie même ; quand il s'agit de louer un tel homme, notre
langage se trouve alors comme subitement réduit à
l'indigence. Cette uniformité, cette monotonie du
bien nous condamne à résumer dans quelques expressions sans couleur l'histoire de toute une carrière qui mériterait d'être magnifiquement louée,
précisément parce qu'elle fut monotone. Hé quoi !
voilà un prêtre, un vrai prêtre si jamais il en fut,
un prêtre plein de J.-C. ; pendant un ministère de
douze ans, il ne laisse pas s'écouler un seul jour
sans le remplir de bonnes œuvres, sans secourir
les pauvres, consoler les malades, fortifier les mou-
rants, sans éclairer l'ignorance, terrifier le péché,
absoudre et encourager le repentir, sans arracher
quelque âme à l'enfer, sans ouvrir le ciel à quelqu'un de ses frères ; tout cela au prix de son repos, de sa santé, de toutes les satisfactions légi-
times, ne demandant pour toute récompense que
de ne pas être repoussé, estimant pour rien tout

ce qu'il fait, ne regardant jamais en arrière, toujours tendu en avant pour courir à d'autres misères ou du corps ou de l'âme ; voilà un prêtre qui, en un seul jour de ces douze ans, s'est rendu plus utile au monde que tant de célébrités retentissantes ne le seront en toute leur vie ; et tandis que pour louer ces illustres mais vaines renommées, le panégyriste trouvera facilement des éloges qui égaleront en magnificence la fortune de leurs héros, nous, pour retracer les douze ans du vicariat si fécond de l'abbé Dupouy, à Sainte-Croix, nous sommes réduits à nous contenter d'une ligne qui serait vulgaire, si le Fils de Dieu ne s'en était contenté pour le résumé de sa vie mortelle ; nous en sommes réduits à dire que l'abbé Dupouy passa ces douze ans en faisant le bien ; *pertransiit benefaciendo* (*). Oui, en faisant le bien, aussi sa mémoire demeurera-t-elle en bénédiction parmi les fidèles de Sainte-Croix. *Memoria Josiæ in compositionem odoris* (**).

Permettez-moi de me souvenir, Messieurs, que je fis la connaissance de l'abbé Dupouy lorsqu'il était vicaire de Sainte-Croix. Je le vois encore, tel que je l'ai bien souvent rencontré dans une de ces rues du faubourg, étroites et malpropres, où il se plaisait à exercer la pieuse inquisition de la misère ; je le vois avec sa démarche un peu fatiguée, comme celle d'un homme qui porterait un invisible fardeau, avec son bréviaire sous le bras, ou bien un bout de chapelet entre ses doigts, avec son

(*) Act. X-38.
(**) Eccli. XLIX. V.

chapeau charitablement usé par les profonds saluts qu'il prodiguait à tout venant, et qu'il accompagnait toujours du plus bienveillant sourire; je le vois avec sa tête légèrement inclinée sur l'épaule gauche et penchée vers son cœur, où, chemin faisant, il semblait écouter une voix mystérieuse..... Le bon peuple de Sainte-Croix vénérait ce jeune prêtre, dont il se sentait si sincèrement aimé, et la vénération populaire se traduisit souvent par de touchants témoignages. A une certaine époque, malgré tous les efforts qu'il faisait pour le cacher, l'abbé Dupouy avait laissé deviner que la marche lui était devenue très pénible (pour bien d'autres, dans les conditions où il se trouvait, elle eût été non-seulement pénible, mais impossible). Or, il n'était pas rare de voir de pauvres femmes, quand le bon abbé paraissait à l'extrémité d'une rue, s'empresser d'écarter les moindres obstacles du chemin, et jusqu'aux petits cailloux qu'il aurait pu rencontrer sur son passage.

Cependant, des infirmités précoces, fruit d'un travail excessif et de veilles prolongées, avaient usé les forces de notre cher ami; il succombait sous le poids d'un ministère trop accablant; son changement fut décidé.

Ce que l'histoire a dit d'un évêque de Grenoble, oncle de Bayard ; « *Oncques en sa vie fut las de faire plaisir* », la postérité pourra le dire de l'éminent Cardinal qui gouverne aujourd'hui notre diocèse. Pour faire plaisir à plusieurs personnes qui le désiraient, autant que pour d'autres motifs d'un intérêt plus général, au mois de mai de l'année 1855,

Son Eminence nomma l'abbé Dupouy à la cure de Baurech. — Je suis sûr que le vicaire de Sainte-Croix regarda cette nomination comme une faveur insigne, et même quelque peu effrayante à force d'être insigne. Mais vous, Messieurs, n'est-il pas vrai que vous la considérâtes comme une heureuse fortune pour votre paroisse? Grâce à quelques relations de parenté, le nom de l'abbé Dupouy ne vous était pas inconnu, et déjà les souffles de la Providence avaient pu vous apporter quelque lointaine émanation de cette bonne odeur du Christ que ce digne prêtre laissait partout après lui.

Il vous arriva donc votre nouveau curé, et son aspect fortifia la réputation qui l'avait précédé. Dès l'abord, il entra en possession de l'empire promis à la douceur. C'était bien le vrai ·pasteur avec les qualités que demande saint Bernard. « Celui-là a le droit d'être pasteur des âmes, dit ce docteur, en qui fermente et bouillonne le vin de la charité, qui est ivre de ce vin céleste jusqu'à s'oublier lui-même. *Ille præsse debet qui vino charitatis ebrius æstuat, immemor sui* (*). N'est-ce pas ainsi qu'il vous apparut dès la première heure? N'est-ce pas ainsi qu'il s'est montré à vous jusqu'à la fin; ivre de charité jusqu'à perdre le souvenir de sa propre existence?... Pour moi, j'ose le déclarer, je n'ai jamais connu un homme en qui ces énergiques expressions de saint Bernard m'aient paru plus littéralement réalisées!... Mais ce n'est pas à moi qu'il appartient de lui rendre témoignage, c'est à vous, Messieurs, d'attester

(*) S. Bernadi ep.

ce que vous avez vu de vos yeux et touché de vos mains pendant treize ans consécutifs..... Ah ! votre émotion, vos regrets, vos larmes, tout me répond que je n'exagère rien, que je suis bien dans le vrai.

Laissez-moi donc continuer, laissez-moi épancher à mon aise la surabondance de mon admiration pour celui qui fut votre curé. D'autres rappelleront, s'ils le veulent, les œuvres matérielles où il a mis la main et que vos dons l'aidèrent à accomplir. On me parle de ce magnifique autel, on me parle de l'école des Sœurs fondée par lui, et d'autres choses semblables ; c'est très bien ; mais cent autres, sous ce rapport, en ont fait autant et plus que lui ; ce n'est pas là l'objet de mon admiration. Ce que j'admire sans réserve, et presque jusqu'à l'enthousiasme, c'est la rare perfection des vertus qui animèrent toute sa conduite.

Et d'abord, quelle incomparable humilité ! ! Est-il quelqu'un, ici ou ailleurs, qui se souvienne d'avoir surpris, dans les paroles, dans l'attitude, dans les actes de l'abbé Dupouy, l'ombre même de cet orgueil, si intimement enlacé à notre pauvre nature, et qui ne meurt, dit-on, qu'un quart d'heure après nous ? Non, jamais cet homme n'a pensé qu'on pût lui devoir quelque chose ; il ne pensait même pas qu'il se dût quelque chose à lui-même. Il se regardait sincèrement comme indigne du pain qu'il mangeait. Il se cachait toujours, il aurait voulu qu'on lui marchât dessus sans le voir. Les autres, tout, et lui, rien ; c'était, semble-t-il, sa devise. Ce n'est pas à lui que le mépris pouvait faire peur...

Volontiers, il faisait quelques pas pour aller au devant d'une humiliation. Mais, en revanche, comme il fuyait habilement devant toute parole de louange !... Il voulait qu'on le prît pour un ignorant. « Je suis un ignorant, disait-il un jour à un de ses amis, » et en appuyant sur le mot et en baissant le ton, il répétait : « un ignorant, un ignorant... » Et pendant qu'il se calomniait de la sorte, son front se plissait en signe du mépris qu'il avait pour lui-même ; mais ses yeux, tout brillants, exprimaient la joie qu'il avait de se mépriser. Un homme du monde, que j'aperçois au pied de cette chaire, nous disait, le jour des funérailles : « Notre curé » était l'humilité en personne, il s'est toujours re-» gardé comme un zéro chargé de faire du bien. »

Et son désintéressement allait de pair avec son humilité. Une personne qui l'a bien connu, nous écrivait dernièrement. « Monsieur le curé donnait » tout. On était obligé de pourvoir à son entretien. » Nous l'avons vu l'hiver, par de grands froids, » couvert seulement d'une pauvre soutane rapée » en étoffe légère. Il fallait lui donner discrètement » des bas et des chemises. Pour les mariages et » enterrements, quand c'étaient des paroissiens » qu'il savait ne pas être riches (quoique certaine-» ment ils fussent plus riches que lui), il n'accep-» tait aucun honoraire. » J'ajoute à cette lettre, d'après plusieurs témoins, que lorsqu'il était obligé de toucher quelque rétribution, et que l'argent qu'on lui remettait se trouvait enveloppé de papier, il mettait cette offrande dans sa poche, et le plus souvent, elle passait ainsi enveloppée dans la main

des nécessiteux sans que le bon curé prît soin de
savoir au juste la valeur du contenu. Et de la
sorte, non-seulement sa main gauche ignorait le
bienfait de sa main droite, mais sa main droite, elle-
même, ignorait un peu son propre bienfait. Des
parens ou des amis lui envoyaient parfois, en ca-
deau, du vin vieux de noble origine; c'était bon
pour les malades! bien qu'il fût malade lui-même,
les généreux flacons ne faisaient pas un long purga-
toire dans le cellier du presbytère ; ils disparais-
saient comme par enchantement ; monsieur le curé
continuait à boire de l'eau ou du vin piqué, mais
les pauvres malades auraient pu dire sous quel toit
avait émigré son vieux Médoc.

Comme Vincent de Paul, et pour des raisons
analogues, M. Dupouy se permettait le luxe du ta-
bac. Mais on dit que plus d'une fois il s'imposa
d'assez longs jeûnes sur ce point, parce qu'ayant
tout donné il ne lui restait plus un sou pour se
faire l'aumône à lui-même. Il ne savait pas refuser;
ce fut même là sa faiblesse capitale. Elle lui valut
la critique de ceux qui ont toujours assez de force
pour supporter le malheur... d'autrui, sans chercher
à l'alléger. Et d'un autre côté elle sema sa vie d'é-
pisodes moitié naïfs, moitié héroïques qu'on ne
rencontre guère qne dans la légende des saints.
Pour n'en citer qu'un seul exemple, certain horlo-
loger de fantaisie vint frapper un jour à la porte
de Monsieur le curé, se disant dans le besoin et
lui demandant la préférence pour ce qui concernait
son état. — Hé bien, mon ami, lui répondit le curé,
prenez cette montre, et s'il y a quelque réparation

à faire, faites là. — Quelque temps après, l'horloger reparaissait au presbytère. « Monsieur le curé, dit-il, ne me faites pas de reproches, je n'avais pas de pain, j'ai engagé votre montre au Mont-de-Piété, il me faudrait 25 fr. pour l'en retirer.» — Le piége était grossier, un enfant l'aurait vu ; que fit M. Dupouy? il ferma les yeux pour ne pas le voir, et se souvenant de cette parole de l'Evangile : « A celui qui veut vous prendre votre manteau, donnez aussi votre tunique, » il donna les 25 fr. Bien entendu que chez le soi-disant horloger, aucun cadran ne marqua jamais l'heure de la restitution.

Néanmoins après la perte de cette montre, il en restait une autre à monsieur Dupouy; celle-ci était en or, et avait appartenu à son père, de si respectable mémoire. Mais dans le courant de ces derniers mois, quelques personnes remarquèrent que le bon curé s'était dépouillé de ce précieux souvenir. Qu'était-il devenu? — On a su depuis que, vers la même époque, dans les bureaux du journal bordelais où se tenaient les registres de la souscription pontificale, se présenta un humble prêtre, paraissant avoir de quarante-cinq à cinquante ans, et dont les traits accusaient un état de souffrance. Il tenait dans le creux de sa main une montre en or, et de la voix la plus douce. « Tenez, dit-il, c'est pour le Pape, de la part d'un curé qui n'a pas d'argent. »

Nous n'en finirions pas, si nous voulions dire jusqu'à quelles limites l'abbé Dupouy poussait le désintéressement. Des limites, son désintéressement n'en connaissait aucune, parce que sa charité était illimitée et sans mesure. Oui, sans mesure, n'est-ce pas la voix publique qui le proclame : le curé de Beaurech était tout charité ; la charité transpirait par tous ses pores ? Il ne semblait vivre que pour le troupeau confié à sa houlette. A l'image de Dieu, qui aime chaque homme autant que tout le genre humain, il aimait chacun des paroissiens autant que la paroisse entière. Il aimait surtout ceux qui ont le plus besoin d'être aimés.

Pauvres petits enfants de l'école ou de la rue, vous vous souviendrez, n'est-ce pas, de ce bon Monsieur le Curé, qui ne vous rencontrait jamais sans vous prodiguer ses bénédictions et ses caresses ?

Et vous, pauvres malades, pourrez-vous oublier les soins si tendres dont il vous entourait ? Au premier avertissement, il quittait tout et partait. Votre habitation était là haut, sur le plateau ;... pour y arriver, il s'agissait de gravir la côte, et vous savez que, sur la fin de ses jours, cette ascension lui était devenue un supplice. Epuisé de fatigue, ruisselant de sueur, il lui fallait, après quelques minutes de marche, s'appuyer, pour reprendre haleine, contre le tronc d'un arbre ou s'asseoir au bord du fossé : mais qu'importe ce qu'il fallait ? Une fois rendu auprès de votre chevet, s'il avait le bonheur de vous consoler un peu, toute sa fatigue était oubliée et vous étiez sûrs de le revoir tous les jours, plusieurs fois par jour si vous le désiriez ; et, quand vous écoutiez ses bonnes paroles, ne vous semblait-il pas entendre l'ange même de la consolation ? A l'époque où le père de l'abbé Dupouy fit sa dernière maladie, l'excellent curé se partageant entre ses devoirs de fils et ses devoirs de pasteur, faisait chaque jour le trajet de Bordeaux à Baurech pour que ses malades d'ici ne fussent pas privés de ses services.

Et les vieillards ! comme il était tendrement poli et cordial pour les vieillards ! Aussi s'en trouvait-il bien peu qui lui refusassent, jusqu'à la fin, le salut de leur âme. Pendant qu'il était encore à Sainte-Croix, un vieux voltairien s'obstinait à repousser toute idée de secours religieux. Vaincu à la fin par les instances de ses proches et par la grâce de Dieu : « Eh bien, soit ! dit-il ; mais je veux qu'on me fasse venir ce prêtre qui a l'air si bon et qui me salue si poliment quand il me rencontre. » Il désignait ainsi l'abbé Dupouy.

Et les pêcheurs, qui venaient confesser leurs fautes à ses pieds, où trouverai-je une expression pour peindre le miséricordieux amour dont il les enveloppait, dont il les inondait, dont il les pénétrait !! Le curé d'Ars, qui a été le prodige de notre siècle, et dont cependant je prononce hardiment le nom sans crainte de faire trop pâlir celui de l'ancien curé de Baurech, — le curé d'Ars disait que la charité devrait attendrir notre cœur jusqu'à le *rendre liquide...* Eh bien, quand l'abbé Dupouy recevait les pauvres pécheurs au tribunal de la pénitence, j'ose dire que son cœur se liquéfiait, et qu'il se répandait sur eux en flots d'onction et de tendresse. C'est pourquoi, se retirant d'auprès de lui, plus d'un pénitent exprima un sentiment tout semblable à celui de saint Vincent de Paul quand il disait : « Je n'ai bien eu l'idée de

J.-C. qu'en voyant M. de Genève... Le bon Dieu doit-être bien bon, puisque M. de Genève est si bon !!... »

Voulez-vous un portrait authentique complet de notre abbé Dupouy ? Ecoutez l'apôtre saint Paul, traçant celui de la charité : *Charitas patiens est, benigna est; charitas non œmulatur, non agit perperam, non inflatur, non est ambitiosa, non quœrit quœ sua sunt, non irritatur, non cogitat malum, non gaudet super iniquitate, congaudet autem veritate. Omnia suffert, omnia credit, omnia sustinet* (*). « La charité est patiente, elle est bénigne. La charité n'est point envieuse, elle n'est point téméraire et précipitée, elle ne s'enfle point d'orgueil, elle n'est point ambitieuse, elle ne cherche point ses propres intérêts, elle ne se pique pas, elle ne s'aigrit pas, elle ne pense point le mal, elle ne se réjouit pas de l'injustice, mais elle se réjouit de la vérité. Elle supporte tout, elle croit tout, elle espère tout, elle souffre tout. » Je vous le demande, à vous qui l'avez connu, n'est-ce pas, trait pour trait, le portrait de l'ancien curé de Baurech, son portrait d'après nature ?...

Mais que fais-je ? j'énumérais tout à l'heure ceux qui ont besoin d'être aimés et j'allais vous oublier, vous mon Dieu, vous qui daignez avoir besoin d'être aimé plus que toute créature ? Ah ! votre serviteur vous aimait ; uniquement épris de votre infinie beauté, ô mon Dieu, il n'aimait rien que pour vous et en vous, vous étiez sa vie, son tout. Son

(*) 1 Cor. XIII 4. 7.

cœur était de fer pour lui-même, il était d'or pour
le prochain, mais pour vous il était de feu. Quand
il célébrait la sainte messe on aurait dit les ardeurs
d'un séraphin. Qu'il faisait bon le voir prier, et il
priait partout, sans cesse. Une grande partie de sa
journée, il la passait devant le Tabernacle, pros-
terné à genoux et comme absorbé dans la contem-
plation. Si par hasard vous aviez alors besoin de
lui parler, il fallait vous approcher et le tirer par
les plis de son vêtement. Que de fois ne donna-t-il
pas à l'oraison les heures qu'il aurait dû donner
au sommeil ! Il s'inquiétait cependant de ne pas
faire pour son Dieu plus qu'il ne faisait. Vingt fois
nous l'avons entendu se reprocher amèrement de
ne rien faire pour le Ciel, de mener une existence
trop molle. Sa meilleure consolation était d'avoir
quelques souffrances à supporter, et certes les souffrances ne lui manquèrent pas.

Oui, cet homme, qui ne s'est jamais plaint, il a
souffert un vrai martyre pendant au moins vingt-
cinq ans. Dès le début de son ministère, il eut des
infirmités dont quelques-unes terribles ; sans
parler de ces dernières, une demi-surdité vint
transformer ses longues séances du confessionnal
en longues séances de torture. Et, plus tard, ce
fut cette affection du foyer vital qui devait nous l'en-
lever. Mais il y a des souffrances plus exquises que
celles qui ont leur principe et leur siége dans les
membres ; or, les souffrances de cette seconde es-
pèce, plus secrètes, mais plus poignantes que les
autres, elles composèrent le principal apanage de
notre ami. Il avait reçu de la nature une sensibi-

lité exceptionnelle. Ce don naturel, la grâce en perfectionna et en accrut la délicatesse. Par suite, l'abbé Dupouy se trouva doué d'une aptitude redoutable pour ressentir, plus que personne, les souffrances du cœur; et, en effet, depuis le déclin de son adolescence jusqu'au soir de sa vie, il aurait pu dire comme saint Paul : *Continuus dolor cordi meo* (*). *Il y a là, dans mon cœur, une douleur continuelle.* — Vous souvient-il de la mort de Marius ? Ce fut pour Ariste à peu près la première blessure qu'il reçut dans cette région de l'âme où reposent nos sentiments les plus vulnérables ; je ne crois pas qu'elle se soit jamais entièrement fermée. Au mur de sa chambre, assez près du prie-Dieu, était appendu un petit médaillon représentant le profil de son jeune frère, dessiné au crayon par un ami de la famille Dupouy, lequel est mort à Paris, il y a trois ans, illustre, pauvre, et toujours fidèle aux promesses de sa première communion (**). Or, ce médaillon, l'abbé Dupouy le regardait souvent et, quand il le regardait, on pouvait voir des larmes dans ses yeux. Les épines du saint ministère, ces

---

(*) ad Rom. IX-2.

(**) L'auteur de ce dessin était le docteur Pierre-Louis Gratiolet né à Sainte-Foy (Gironde) et mort à Paris, professeur d'anatomie comparée, au Jardin des plantes. Savant du premier ordre, il fit de nombreuses et intéressantes découvertes; mais, aussi modeste que savant, il arriva tard à la gloire, jamais à la fortune. Il n'a laissé d'autre héritage à ses enfants qu'un nom entouré de respect et d'affection. Le docteur Gratiolet était un fervent chrétien. On peut lire dans le Moniteur du 18 février 1865 les discours prononcés sur sa tombe par les princes de la science; ils rendent tous témoignage à la haute piété du défunt.

Le gouvernement après avoir pourvu aux funérailles du docteur Gratiolet, s'est généreusement chargé d'élever ses enfants.

épines qui renaissent tous les jours, pénétrèrent de toutes parts et bien douloureusement ce cœur de prêtre qui, par sa délicatesse, resta toujours un cœur d'enfant La mort de son père et celle de sa mère y enfoncèrent deux glaives.

Un coup tout aussi cruel lui fut porté par la mort de l'ami qu'il ait le plus aimé sur la terre. C'était un vieillard dont la mémoire demeure ici universellement vénérée. Il habitait une pauvre maisonnette non loin du presbytère, de l'autre côté du chemin; lui, qui jadis s'était vu. assez riche pour habiter un palais somptueux avec des serviteurs sans nombre. Mais l'adversité était venue; elle l'avait accablé de ses coups et, selon l'expression de saint Grégoire, le monde s'était desséché dans son cœur (*). Dieu et la piété avaient pris la place du monde. Résigné comme Job, il avait l'âme assez haute pour répéter, comme ce patriarche : *Dominus dedit, Dominus abstulit, sit nomen Domini benedictum.* C'est le Seigneur qui m'avait donné la fortune, c'est le Seigneur qui me l'a ôtée..., que le nom du Seigneur soit béni. Or, malgré la distance de l'âge, le prêtre et le vieillard à cheveux blancs s'étaient rencontrés dans une mutuelle sympathie. Et l'Esprit-Saint, qui est le grand *unisseur*, comme dit saint François de Sales, avait tellement uni ces deux âmes qu'elles vivaient l'une dans l'autre, nécessaires l'une à l'autre, ne faisant vraiment qu'un. Amitié charmante dont le spectacle touchait les anges et les hommes ; mais rien ne touche la

(*) In quorum cordibus mundus aruerat (S. Grég. Mag. Dial.)

mort... Un jour, la mort arriva, et, frappant d'une main le vénérable M. l'Hotelier, elle lança de l'autre au cœur de l'abbé Dupouy une flèche empoisonnée. Peu de jours après, les médecins constatèrent chez l'abbé Dupouy une hypertrophie du cœur. « Je ne puis plus passer devant cette porte de M. l'Hotelier, disait souvent le bon curé, cela me déchire l'âme, » et il gardait comme de précieuses reliques (pardonnez ce détail), les derniers souliers et la dernière coiffure dont s'était servi le vieillard.

Ce cœur si sensible, si éprouvé et malade eut-il des ennemis, des adversaires tout au moins ? On nous l'a affirmé. Toujours est-il que, s'il en eut, jamais de sa part on ne put obtenir contre eux ni une syllabe, ni un geste, ni un signe de récrimination. Je ne parlerai pas de certaine persécution épistolaire qui le fit souffrir. — Mais vous, mes bien chers frères, vous ses amis dévoués, vous qui l'aimiez tant, vous qui le vénériez; avec votre vénération et votre amour, sans le savoir, sans le vouloir, vous lui fites peut-être plus de mal encore. Un jour le bruit se répand qu'à cause de sa santé et par ordre supérieur, Monsieur le curé est sur le point de prendre sa retraite et d'être remplacé. Vous vous levez alors ; vous venez le trouver. « Non, lui dites-vous, nous ne voulons pas que vous partiez. S'il ne faut que le traitement d'un prêtre auxiliaire, ce soir même ce traitement sera constitué... » et avant le coucher du soleil, un traitement de plus de mille francs constitué par vous permettait à l'abbé Dupouy de demander et d'avoir un coadjuteur. Imprudents que vous étiez !! pourquoi lui montrer tant d'attachement ? Ne deviniez-vous pas que ces témoignages lui faisaient mal par excès de bien ?

Ebranlé par de trop fortes secousses, l'abbé Dupouy sentait approcher sa fin. Il entendait au-dedans de lui-même cette réponse de mort, *responsum mortis,* dont parle le grand Apôtre (*). Dès le 3 octobre 1866, il écrivait pour lui-même ces lignes que nous avons retrouvées. « Je ne sais pas ce qui » m'attend, mais je dois considérer comme une nou-» velle grâce, ajoutée à toutes les autres, cet aver-» tissement que mon Dieu me donne de me dis-» poser à la mort, et de me préparer à l'éternité. » O mon Dieu, que votre bonté est admirable et » que votre miséricorde est infinie ! Faites que je » sache bien profiter de toutes vos grâces pour le » salut éternel de mon âme. »

Les présages n'étaient pas trompeurs ; il allait bientôt mourir; mais la Providence avait décidé qu'il ne mourrait pas au milieu de vous, qu'il mourrait sur la paroisse de son berceau, de son baptême, de sa première communion et de sa première messe, dans la maison de son bien–aimé frère, loin de toutes ses autres affections, et pour ainsi dire, caché dans la mort comme il avait toujours voulu l'être dans la vie.

Vous ayant aimés il vous aima jusqu'à la fin. Vers la fin de décembre, malgré la rigueur du froid, malgré les progrès d'un mal qui l'obligeait à tenir constamment la main sur son cœur et lui laissait à peine

(*) II. Ad. Cor. II-9.

un souffle de vie, malgré les émotions dont il fallait braver le péril, il n'écouta que son amour pour un troupeau qui allait cesser d'être le sien, et remontant la Garonne, de Bordeaux à Baurech, il vint vous présenter son jeune et digne successeur, de porte en porte, de foyer en foyer, vous disant à peu près la parole de saint Jean-Baptiste : *Oportet illum crescere, me autem minui* (*). « Voici votre curé, faites lui place dans vos cœurs, moi je ne suis plus rien. » Fidèles de Baurech, vous ne deviez plus le revoir. Il rentra chez son frère. Sa poitrine saisie par le froid du voyage parut travaillée d'une oppression nouvelle, mais la joie rayonnait dans son regard. « Je n'ai plus charge d'âmes, je n'ai plus charge d'âmes, répétait-il d'une voix entrecoupée par une toux inquiétante, quel bonheur de n'avoir plus à m'occuper que de la mienne !! »

Le mal gagna du terrain, il marchait à grands pas. L'abbé Dupouy demanda le Saint Viatique et la dernière onction qu'il reçut des mains de son père spirituel. A partir de ce moment, ses pensées ne vinrent plus se poser sur la terre, elles planaient là-haut dans les plus pures régions de l'espérance, aux confins du Ciel où lui souriaient des images connues et aimées. Il nomma plusieurs fois l'une d'elles ; au milieu de ses plus grandes douleurs, montrant à son frère le bonnet de malade qui serrait sa tête. « Tu vois, disait-il, en essayant un sourire, c'est le bonnet de ce bon M. l'Hotelier... » Quant aux souliers dont je vous ai parlé, ils étaient

(*) Joan III-30.

au pied du lit en attendant qu'ils prissent place dans le cercueil même de M. Dupouy.

Le samedi 11 janvier, l'agonie commença. Le corps du malade n'était qu'une plaie. Le soir de ce même jour, celui qui vous parle fut appelé. Nous arrivâmes vers les dix heures de la nuit. Nous entrâmes dans cette chambre où notre ami se mourait sans avoir souhaité que personne fût averti de son état... C'est ainsi qu'il s'était toujours traité, n'estimant pas qu'il valût la peine d'une visite, pas même au moment de l'agonie. Tout était calme et tranquille dans l'appartement comme dans un sanctuaire; deux chrétiennes y priaient en versant des larmes silencieuses. Nous nous approchâmes du lit comme nous nous serions approché d'un autel où notre ami aurait célébré la Messe pour la dernière fois; une Messe où, cette fois, il était prêtre et victime, et qui allait être suivie d'une action de grâces éternelle. C'était sur ses traits le même recueillement et la même ferveur que pendant la célébration de l'auguste sacrifice. Les assauts d'une affreuse agonie n'avaient pas réussi à contracter son visage, non plus qu'à lui arracher une plainte. On me nomma, et ouvrant alors ses yeux déjà obscurcis par les ombres de la mort, il voulut bien répéter mon nom. « Que je suis heureux de vous voir, murmura-t-il; de vous entrevoir, ajouta-t-il en se reprenant. » — Le bon Dieu vous a donc mis sur sa croix, mon bon Ariste ? — Et il répondit : Oh ! sur la croix, je voudrais y être toujours, toujours, toujours... Que le bon Dieu est bon ! » et son sourire avait quelque chose de céleste que nous ne pouvons plus oublier. Sur notre invitation, il fit cette prière : Mon Dieu! je vous offre le sang de votre divin Fils, et avec ce sang adorable, le sacrifice de ma vie. Jésus, Marie, Joseph, je remets mon âme entre vos mains. — Le vénéré malade entra ensuite dans un profond recueillement qui dura jusque vers les deux heures. A deux heures, il fit un mouvement, se souleva par un effort suprême... Je pars, murmura-t-il. Je pars, dit-il une seconde fois ; et poussant enfin un grand cri : *Emissa voce magna* (*) il répéta : je pars... Sa tête retomba sur sa poitrine ; son âme envolée buvait aux sources de l'éternel amour.

Tel fut, Messieurs, dans la vie et dans la mort l'abbé Ariste Dupouy, retourné à Dieu à l'âge de quarante-sept ans. N'avais-je pas raison de dire que toute son existence fut la bonne odeur de J.-C. *Christi bonus odor?* Dans sa famille, au collége de Bazas, dans le monde, au séminaire, à Sainte-Croix, à Baurech, partout et toujours il exhala autour de sa personne cette odeur évangélique, cette odeur divine du Christ Jésus, vivant en lui. Quand un fidèle, quand un prêtre a exhalé jusqu'au dernier soupir cette bonne odeur de J.-C., la langue chrétienne variant légèrement l'expression dit, que ce fidèle, que ce prêtre est mort en odeur de sainteté. Cette formule de langage n'empiète en aucune manière sur les jugements que l'Eglise s'est réservés. Or, qui pourrait nier que l'on ait respiré cette odeur de sain-

(*) Marc. XV-37.

teté autour du cercueil de l'ancien curé de Baurech ? N'est-ce pas précisément ce qui explique et les sanglots qui ont accueilli la nouvelle de sa mort, soit à Sainte-Croix, soit à Baurech, et ce mélange de toutes les classes au convoi de ses funérailles ; et ces mots d'abnégation, de renoncement, de mortification, d'humilité, d'anéantissement, tous ces grands mots qui semblent ne pas faire partie du vocabulaire mondain, prononcés cependant par les hommes du monde devant la dépouille de notre ami; et, enfin, ces instances si nombreuses, si persévérantes des pieux fidèles pour obtenir quelque fragment, tant petit soit-il, des objets qui furent à son usage ?

On dit qu'au moment de le déposer dans la bière, les assistants furent frappés de je ne sais quel signe radieux qui parut sur les hauteurs de sa physionomie, et leur fit croire que le bon curé était encore vivant. Ils se trompaient, sans doute, mais non pas sous tous les rapports; car, vivant il l'était encore, et il l'est plus que jamais. Oui, cher ami, nous en avons l'irrésistible conviction: vous vivez dans la gloire et dans la félicité de Dieu; vous vivez aussi en une autre manière, dans notre souvenir; vous y vivrez aussi longtemps que nos yeux verront la lumière du jour. On se plaint de n'avoir pas trouvé votre testament, il y en a un dans saint François de Sales qui peut servir pour votre compte. Il me semble vous entendre nous dire comme cet aimable saint : *Je voudrais être riche pour vous léguer les trésors de la vie; ces trésors sont : l'amour, l'humilité, l'habitude de la mort.* Oui, cher ami, ce

sont là les biens que vous auriez voulu nous laisser;
puissions-nous, en nous conformant à vos dernières volontés, apprendre à aimer Dieu, à devenir humbles, à mourir tous les jours, et mériter
par là d'être, comme vous l'avez été, la bonne
odeur de Jésus-Christ *Christi bonus odor.*

AMEN.

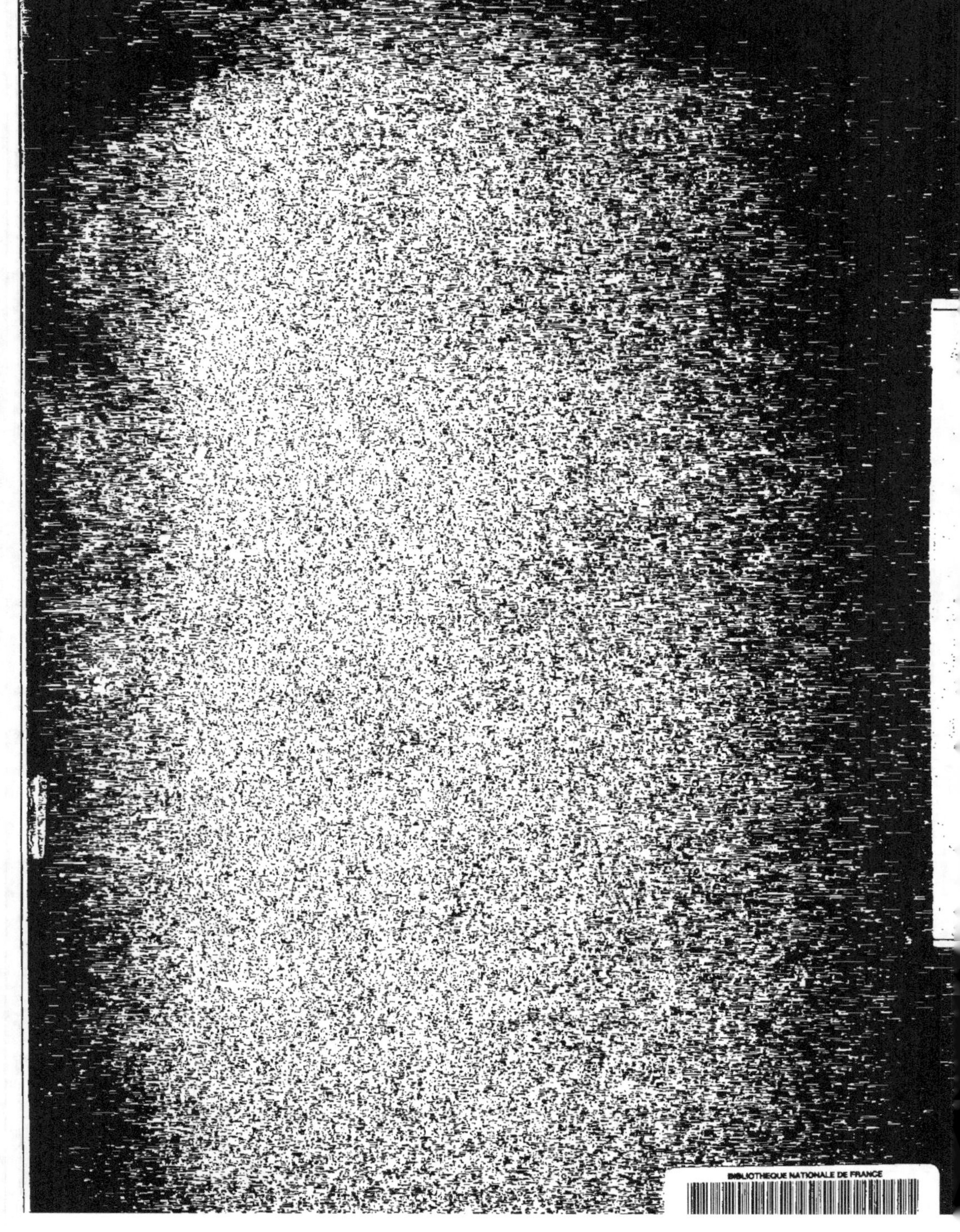

www.ingramcontent.com/pod-product-compliance
Lightning Source LLC
Chambersburg PA
CBHW061338050726
47595CB00005B/1974